CATÁSTROFES

que marcaron la historia

TIME
FOR KIDS

Tamara Leigh Hollingsworth

Consultores

Timothy Rasinski, Ph.D.
Kent State University

Lori Oczkus
Consultora de alfabetización

Basado en textos extraídos de *TIME For Kids*. *TIME For Kids* y el logotipo de *TIME For Kids* son marcas registradas de TIME Inc. Utilizados bajo licencia.

Créditos de publicación

Dona Herweck Rice, *Jefa de redacción*
Conni Medina, *Directora editorial*
Lee Aucoin, *Directora creativa*
Jamey Acosta, *Editora principal*
Heidi Fiedler, *Editora*
Lexa Hoang, *Diseñadora*
Stephanie Reid, *Editora de fotografía*
Rane Anderson, *Autora colaboradora*
Rachelle Cracchiolo, *M.S.Ed.,*
   Editora comercial

Créditos de imágenes: Tapa, pág. 1: Getty Images; pág. 49: Alamy; págs. 48–49: Adams County Historical Society; págs. 26, 28 (izquierda) AGE fotostock; págs. 18–19: Associated Press; pág. 21 (abajo): FDR Presidential Library; págs. 14–15, 20, 23 (abajo), 56–57, 57 (arriba): Getty Images; págs. 52, 54, 54–55, 55: Library of Congress; pág. 29 (abajo): Lefranc David/ABACA/Newscom; pág. 47: AFP/Getty Images/Newscom; págs. 30–31, pág. 26: akg-images/Newscom; págs. 28–29: Paramount Home Media Distribution/Newscom; págs. 38–39: EPA/Newscom; pág. 50 (abajo): Cezaro De Luca/EPA/Newscom; pág. 41: Maschietto/MCT/Newscom; págs. 36–37: Sean Gardner/Reuters/Newscom; pág. 36: AFP/Getty Images/Newscom; pág. 19: ZUMA Press/Newscom; págs. 38, 52–53: NOAA; págs. 46–47 (ilustraciones): Jim Kopp for TIME for Kids; pág. 44: RIA Novosti/Photo Researchers, Inc.; pág. 39: Photo Researchers, Inc.; pág. 7: US Air Force; págs. 3, 34–35: U.S. Coast Guard; págs. 20–21: dominio público; pág. 53: (arriba): USDA; pág. 56: Lawrence Livermore National Security (CC-BY-SA); pág. 31 (abajo): National Archives; págs. 17–18, 33 (arriba), 50–51 (ilustraciones): John Schill; págs. 32–33 (ilustraciones): Timothy J. Bradley; todas las demás imágenes de Shutterstock.

Teacher Created Materials

5301 Oceanus Drive
Huntington Beach, CA 92649-1030
http://www.tcmpub.com
ISBN 978-1-4333-7179-0
© 2013 Teacher Created Materials, Inc.

TABLA DE CONTENIDO

ERRORES MORTALES

Volcanes. Terremotos. Huracanes. Tornados. Los desastres llegan cuando menos los esperamos y sacuden por completo nuestras vidas. Pueden caer desde el cielo o elevarse desde el suelo. Estos eventos nos producen terror, pero a menudo sabemos cuándo van a producirse. Podemos prepararnos para su llegada.

Sin embargo, algunas de las peores **catástrofes** son las que causan los seres humanos, y por lo general llegan ante nuestra enorme sorpresa. A veces, los desastres producidos por los hombres son **accidentales**. Suceden debido a fallas de diseño. Ocurren porque una estructura no fue adecuadamente planificada o construida. Otras veces, las personas son conscientes de la potencia que están desencadenando. Estos son desastres **intencionales** causados por el hombre. Y pueden ser los más mortíferos. Se dice que el único error verdadero es aquel del que no se aprende. Y aquí hay mucho que aprender.

PARA PENSAR

> ¿Cuáles son algunas de las peores catástrofes de la historia?

> ¿Cómo podemos prepararnos para estos terribles eventos?

> ¿Cómo podemos evitar repetir estos errores en el futuro?

Cometer errores forma parte del ser humano. Pero a veces, esos errores pueden acarrear grandes consecuencias. Y a menudo, los errores que cometemos pueden prevenirse.

A veces, una catástrofe se sale de nuestro control. Aun cuando estamos seguros de que nada puede salir mal, algo puede salir mal. Pero las personas intentan mantenerse a salvo. Y en la mayoría de los países existen leyes que obligan a los trabajadores a cumplir estrictas reglas de seguridad.

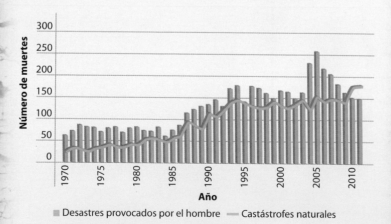

Haciendo números

Las nuevas tecnologías y las prácticas de seguridad hacen que los desastres provocados por el hombre actualmente hayan disminuido. Debido a que pueden resultar mortíferos, los desastres provocados por el hombre suelen tener mucha presencia en las noticias. Sin embargo, estos hechos en realidad son muy poco comunes.

Fuente: *Swiss Re Economic Research and Consulting*

¿SOLUCIÓN RÁPIDA?

Cuando se producen desastres *naturales*, el mundo natural puede volver algún día a su estado anterior al desastre. Pero en el caso de numerosos desastres *provocados por el hombre*, no ocurre lo mismo. A veces, el daño causado por los seres humanos es demasiado grande para deshacerse.

¡MÁS EN PROFUNDIDAD!

DESASTRES RECIENTES

En 2011 se produjeron 325 hechos catastróficos en todo el mundo. Ciento cincuenta de ellos fueron provocados por el hombre. Y en esos 150 desastres se perdieron 5,703 vidas.

53.8%

7.7%

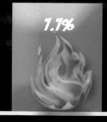

6.5%

| Catástrofes naturales | Incendios o explosiones graves | Desastres de aviación |

Mira atentamente estos desastres recientes. ¿Cuáles piensas que podrían haberse prevenido? Es posible que la respuesta no esté clara. Un hecho como un incendio puede ser causado por un relámpago. Eso sería difícil de prevenir. Pero un incendio también puede ser causado por alguien que dejó un fósforo encendido en un bosque. La verdadera catástrofe es ser poco cuidadoso.

12%

20%

Desastres marítimos

Otros

Fuente: *Swiss Re Economic Research and Consulting*

EN EL AIRE

La curiosidad impulsó la búsqueda de una forma para que las personas viajaran por aire. Durante cientos de años, los **ingenieros** estudiaron cómo vuelan los animales. Hubo muchos fracasos. Pero por fin, crearon máquinas que hicieron remontar vuelo por el aire a los seres humanos, como los pájaros.

Los aviones son máquinas complicadas. Y hacen cosas asombrosas. Ocurre muy rara vez, pero a veces algo sale mal. Aún así, el avión es en realidad una de las formas más seguras de viajar. En la actualidad hay menos accidentes que nunca.

A SALVO CON SULLY

El piloto Chelsey B. "Sully" Sullenberger pudo maniobrar un avión repleto de pasajeros y hacerlo aterrizar en el agua con seguridad; este acontecimiento se conoció como "milagro en el Hudson".

EL VIAJE A TRAVÉS DEL TIEMPO

El avión es una forma de viajar relativamente nueva. Hace algunos cientos de años, la gente rara vez viajaba grandes distancias para ir de visita. Las personas muy ricas podían viajar en carruajes. Pero en la actualidad, viajar se ha convertido en algo que la mayoría de las personas puede hacer.

Hindenburg

Antes de los aviones, la gente viajaba en **dirigibles**. Este tipo de máquina voladora parecía un barco en su interior. A diferencia de los aviones que utilizamos en la actualidad, la gente podía caminar en ellos o sentarse a la mesa.

El *Hindenburg* fue un dirigible famoso. Se fabricó para transportar personas de Estados Unidos a Europa. Requería enormes cantidades de combustible y usaba gases **inflamables** para volar. En mayo de 1937 se produjo un desastre, cuando el dirigible explotó mientras intentaba aterrizar.

VUELO EN DIRIGIBLE

La estructura del *Hindenburg* era de una aleación de aluminio, una mezcla de metales livianos y fuertes. Estaba cubierta por una tela y revestida de una sustancia metálica. Esta sustancia se usaba para proteger el gas de la **radiación** del sol.

El hidrógeno fue el primer tipo de gas que se utilizó para elevar dirigibles.

La empresa Goodyear hace volar dirigibles para recordar a la gente que compre sus productos.

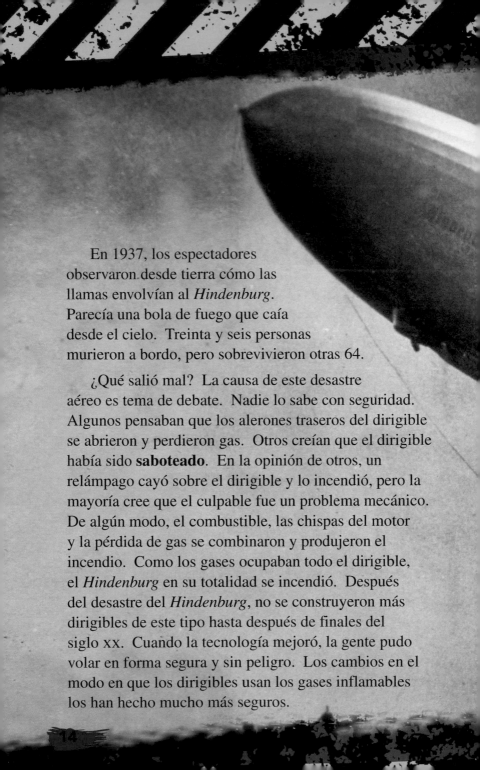

En 1937, los espectadores
observaron desde tierra cómo las
llamas envolvían al *Hindenburg*.
Parecía una bola de fuego que caía
desde el cielo. Treinta y seis personas
murieron a bordo, pero sobrevivieron otras 64.

¿Qué salió mal? La causa de este desastre
aéreo es tema de debate. Nadie lo sabe con seguridad.
Algunos pensaban que los alerones traseros del dirigible
se abrieron y perdieron gas. Otros creían que el dirigible
había sido **saboteado**. En la opinión de otros, un
relámpago cayó sobre el dirigible y lo incendió, pero la
mayoría cree que el culpable fue un problema mecánico.
De algún modo, el combustible, las chispas del motor
y la pérdida de gas se combinaron y produjeron el
incendio. Como los gases ocupaban todo el dirigible,
el *Hindenburg* en su totalidad se incendió. Después
del desastre del *Hindenburg*, no se construyeron más
dirigibles de este tipo hasta después de finales del
siglo XX. Cuando la tecnología mejoró, la gente pudo
volar en forma segura y sin peligro. Los cambios en el
modo en que los dirigibles usan los gases inflamables
los han hecho mucho más seguros.

El *Hindenburg* transportaba correo entre Europa y Norteamérica.

LOS DIRIGIBLES EN LA ACTUALIDAD

No es algo común, pero en la actualidad la gente todavía puede volar en dirigible. La mayoría de los dirigibles se usan para eventos especiales y excursiones.

¡MÁS EN PROFUNDIDAD!

EN EL INTERIOR DE UN DIRIGIBLE

Los dirigibles se parecían a cruceros voladores. No había largas filas de asientos ni cinturones de seguridad. Había comedores y grandes bibliotecas para leer. Visita el *Hindenburg* para ver por qué la gente estaba tan entusiasmada.

cocina

salón para fumadores

Había un salón para fumadores a bordo. El salón estaba protegido por una esclusa con puerta doble para que no pudiera filtrarse el hidrógeno. Solamente se permitía un encendedor eléctrico en la habitación en todo momento.

salón de lectura

cabina

cabinas de pasajeros

En la cubierta A había un comedor, un salón de estar, un salón de escritura, 25 camarotes grandes para los pasajeros y pasillos para apreciar el paisaje.

salón de lectura

comedor

CUBIERTA A

comedor de la tripulación

CUBIERTA B

camarotes de la tripulación

Challenger

Se aprendió mucho del desastre del *Hindenburg*, pero en 1986 hubo otro incendio terrible en el cielo. El 28 de enero, el transbordador espacial *Challenger* explotó. Ocurrió un minuto después de su lanzamiento. En todo el país, la gente observó cómo el transbordador volaba en pedazos. Los siete **astronautas** que estaban a bordo murieron en el incendio.

Al igual que en el *Hindenburg*, los gases inflamables entraron en contacto con el fuego. La estructura entera se prendió fuego. Y tal como sucedió con el desastre del enorme dirigible, la gente observó y aprendió. Posteriormente se realizaron cambios en el diseño y las pruebas de los transbordadores espaciales.

RECUERDOS EXTRAORDINARIOS

¿Dónde estabas cuando explotó el Challenger? Es una excelente pregunta para hacerles a tus padres. Cuando sucede algo como esto, se produce un impacto en todo el país, a veces incluso en todo el mundo. La gente recuerda dónde estaba cuando se enteró de la noticia. Años después, aún recuerda.

UN PAÍS DE DUELO

Después de la explosión, el presidente Ronald Reagan dio un discurso. Habló sobre su tristeza y del honor que los astronautas merecían. Pocos días después se celebró un servicio fúnebre para los astronautas, entre quienes estaba la primera maestra que viajaba al espacio. Más de 10,000 personas asistieron al funeral.

Presidente Ronald Reagan

Hiroshima y Nagasaki

No todos los desastres provocados por el hombre son accidentes. Hubo momentos en la historia cuando el daño ocasionado fue intencional. En agosto de 1945, durante la guerra, Estados Unidos lanzó dos **bombas atómicas** desde el cielo.

Se sabe que las bombas son mortíferas, pero la guerra también lo es. La Segunda Guerra Mundial ya había causado muerte y **devastación** a cientos de miles de personas. Para salvar vidas a largo plazo, Estados Unidos tomó medidas drásticas. El país quería dar por terminada la guerra. Y Estados Unidos creyó que las bombas atómicas le pondrían fin.

PEARL HARBOR

Estados Unidos no participó en la Segunda Guerra Mundial de inmediato. El 7 de diciembre de 1941 los aviones japoneses atacaron la base militar de Pearl Harbor, Hawái. Murieron más de 2,300 estadounidenses.

Pearl Harbor desde el aire

EL DÍA "D"

Un día después del bombardeo de Pearl Harbor, el presidente Franklin D. Roosevelt dio un discurso. Quería convencer al público de que debían declarar la guerra a Japón. Roosevelt dijo que el 7 de diciembre de 1941 era "una fecha que vivirá en la infamia". En la actualidad, esa fecha sigue siendo famosa.

Los efectos tanto instantáneos como duraderos de las bombas atómicas fueron espantosos. El objetivo de la primera bomba fue la ciudad de Hiroshima. Mató a 70,000 personas. Después, una enorme bola de fuego surgió desde donde había caído la bomba. Destruyó todo en cuatro millas a la redonda. Muchas personas tenían miedo de que cayera otra bomba. Algunos huyeron a la ciudad cercana de Nagasaki. Pero tres días después, Estados Unidos lanzó una bomba también en esa ciudad. Mató a 35,000 personas.

Las bombas **nucleares** son mortíferas. Y sus efectos pueden durar años. Además de matar a tanta gente, las bombas atómicas también envenenan el agua, el aire y la tierra. Durante muchos años después del ataque, la gente siguió sufriendo y muriendo. La radiación de la bomba produjo cáncer y otras enfermedades. Hoy en día, las personas de todo el mundo trabajan para promover la paz. Quieren asegurarse de que estas bombas no vuelvan a usarse nunca más.

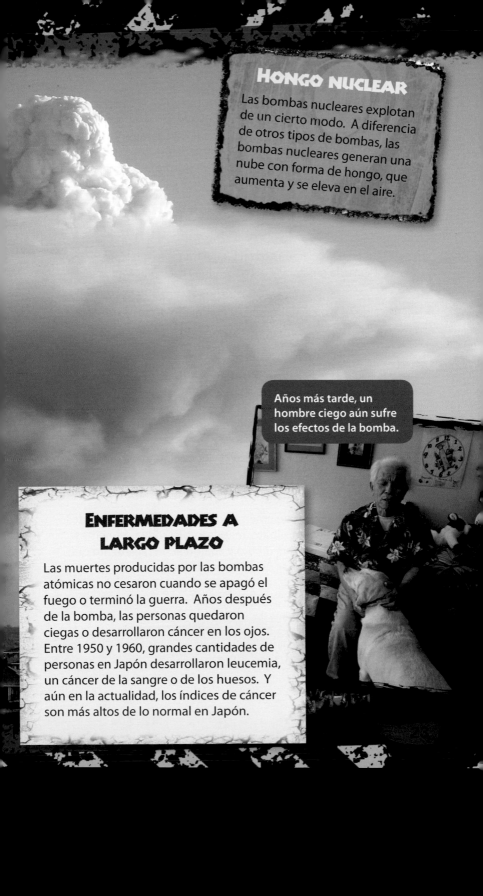

HONGO NUCLEAR

Las bombas nucleares explotan de un cierto modo. A diferencia de otros tipos de bombas, las bombas nucleares generan una nube con forma de hongo, que aumenta y se eleva en el aire.

Años más tarde, un hombre ciego aún sufre los efectos de la bomba.

ENFERMEDADES A LARGO PLAZO

Las muertes producidas por las bombas atómicas no cesaron cuando se apagó el fuego o terminó la guerra. Años después de la bomba, las personas quedaron ciegas o desarrollaron cáncer en los ojos. Entre 1950 y 1960, grandes cantidades de personas en Japón desarrollaron leucemia, un cáncer de la sangre o de los huesos. Y aún en la actualidad, los índices de cáncer son más altos de lo normal en Japón.

PARAR Y RESPIRAR

La mejor manera de prevenir desastres futuros es estar preparado. Los ingenieros modernos han aprendido de los errores pasados mediante la construcción de mejores puentes, barcos y aviones. Tú también puedes prepararte para el desastre si adoptas ciertas medidas para garantizar tu seguridad. Habla con tu familia sobre los siguientes consejos.

- Almacena alimentos en lata, para tener qué comer si se corta la electricidad y no puedes cocinar.

- Almacena agua suficiente para tres días. Cada miembro de tu familia debería tener un galón de agua por día.

- Mueve tu cama lejos de ventanas o espejos, para que tu cuarto sea más seguro durante un terremoto.

- Guarda los elementos más pesados en los estantes inferiores para evitar daños o lesiones.

- Instala detectores de humo y un extintor en tu casa.

- Habla sobre dónde están ubicados los elementos de emergencia.

- Decide un lugar seguro donde tu familia pueda reunirse si se separan durante una catástrofe.

- Prepara un kit de emergencia con una linterna, zapatos para andar, un silbato, mapas locales, agua, alimentos, bolsas de dormir, dinero y cualquier medicamento que puedas necesitar durante un desastre.

¡ALTO! PIENSA...

- ¿Hay otras cosas que puedas hacer para prepararte para una catástrofe?

- ¿Cuáles catástrofes de las que has leído en este libro podrían haberse prevenido o en cuáles se podría haber estado mejor preparado?

- Si hubiera tres cosas que pudieras llevar a tu kit de emergencia, ¿cuáles serían?

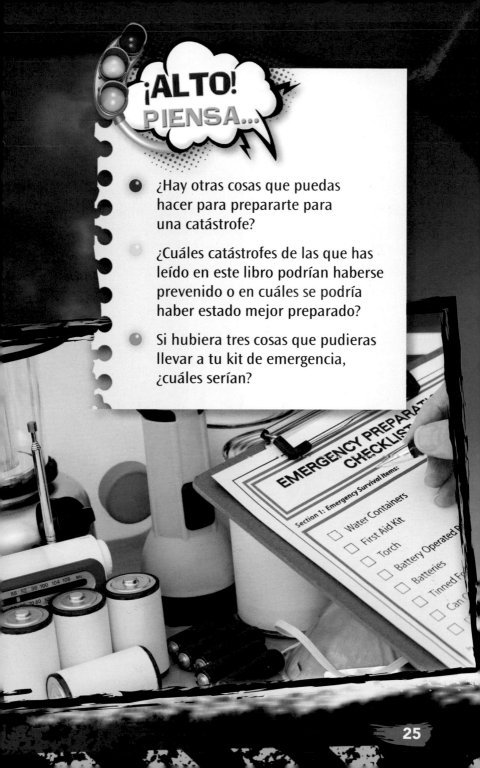

EMERGENCY PREPARATION CHECKLIST

Section 1: Emergency Survival Items:

- Water Containers
- First Aid Kit
- Torch
- Battery Operated R...
- Batteries
- Tinned Fo...
- Can O...

EN EL MAR

Los seres humanos han surcado las masas de agua de la Tierra durante miles de años. Pero al igual que cualquier criatura, tenemos nuestros límites. El mar es un sitio peligroso. Y a veces, los seres humanos son quienes lo hacen peligroso. Las catástrofes en el mar suelen llamarse **desastres marítimos**. Y muchos de ellos son inolvidables.

NAVEGACIÓN

En 1418, el príncipe Enrique de Portugal abrió la primera escuela de navegación. En ella se enseñaba a los estudiantes a usar las estrellas para señalar su ubicación, a trazar mapas y a identificar la vida marina. Sin estos conocimientos, los barcos se perderían en el mar. Eso sería desastroso.

Aunque se hunde aproximadamente un barco por semana, la mayor parte de los naufragios son demasiado pequeños para recibir demasiada difusión.

TITANIC

Antes de que la gente pudiera trasladarse en avión, viajaban entre Europa y Estados Unidos en enormes barcos. Uno de los barcos más famosos que surcó los mares fue el *Titanic*. Este barco se construyó con la ciencia y tecnología más actualizadas. Se **anunció** que sería imposible de hundir. En abril de 1912, el *Titanic* partió de Inglaterra en su primera travesía. Había alrededor de 2,200 personas a bordo, pero solo había suficientes botes salvavidas para la mitad de ese número. Cuando el buque chocó contra un iceberg cuatro días más tarde, el barco que nunca podía hundirse se hundió.

El *Titanic* se hundió en menos de tres horas.

DE ALTO VUELO

El *Titanic* tenía lujos nunca antes vistos en ningún barco, entre ellos una piscina, un gimnasio interior y lugares a bordo para practicar deportes. Tenía asimismo un salón de lectura y escritura para que las personas se sentaran junto a la chimenea y un comedor reservado para los pasajeros más ricos.

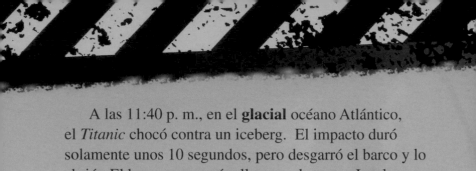

A las 11:40 p. m., en el **glacial** océano Atlántico, el *Titanic* chocó contra un iceberg. El impacto duró solamente unos 10 segundos, pero desgarró el barco y lo abrió. El barco comenzó a llenarse de agua. Las luces continuaron encendidas; nadie sabía que el daño era mortal. La gente se quedó en sus camarotes; no tenían miedo. Pero debajo de la cubierta era zona de desastre. Cuando comenzó la **evacuación**, muchos de los botes salvavidas no estaban completos. Pero hacia las 2:20 a. m., todo el barco quedó sumergido bajo el agua. Los que estaban en los botes salvavidas esperaron. El socorro tardó dos horas en llegar. Los accidentes como este son muy raros, pero el recuerdo del *Titanic* impulsa a todos los marineros a estar lo más a salvo posible.

CARPATHIA

El *Carpathia* estaba a 58 millas de distancia del *Titanic* cuando oyó el pedido de socorro del *Titanic* por radio. El *Carpathia* navegó lo más rápido que pudo y rescató a quienes todavía estaban vivos. El capitán y la tripulación recibieron medallas de honor por el rescate.

EJERCICIO CANCELADO

Mientras el barco se hundía, algunos pasajeros permanecieron en sus camarotes. Es posible que no supieran qué hacer. De hecho, el capitán del barco ese día había cancelado el ejercicio de seguridad con botes salvavidas. Podrían haber sobrevivido más personas si hubieran sabido qué hacer en caso de emergencia.

EN PERFECTO ESTADO

Después del hundimiento del *Titanic*, se desarrollaron reglas de seguridad para garantizar que los barcos siempre llevaran suficientes botes salvavidas para todas las personas a bordo. Además, los barcos comenzaron a navegar más lejos de los icebergs.

SISTEMA DE CLASES

El *Titanic* era como una ciudad flotante y albergaba a una amplia variedad de personas. Algunos eran ricos. Otros eran pobres. Cuando llegó la hora de escaparse del barco que se hundía, las personas más ricas pudieron subir a los botes salvavidas. Las personas más pobres no pudieron ir a la cubierta hasta que algunas de las personas más ricas estuvieran a salvo.

CAMAROTE DE TERCERA CLASE

Los cuartos más pequeños eran usados por familias que se mudaban de Europa a Estados Unidos. Muchos habían vendido todas sus pertenencias para comprar sus pasajes. Las familias pagaban de $32 a $50 por sus pasajes de tercera clase. Equivale a alrededor de $740 a $1,100 en la actualidad.

Los camarotes más grandes estaban reservados a las personas más ricas. Los cuartos de primera clase medían 10 por 12 pies. Unos pocos tenían teléfono. Algunos incluían áreas privadas de comedor y cocina. Las tarifas oscilaban entre $75 y $325.

CAMAROTE DE PRIMERA CLASE

CAMAROTE DE SEGUNDA CLASE

Los maestros, agricultores y comerciantes estaban en segunda clase. Estas personas habían trabajado para ganar su dinero y su éxito. Las tarifas oscilaban entre $17 y $99.

Derrame de petróleo de BP

El petróleo se utiliza para todo: desde dar calor a nuestros hogares hasta abastecer de combustible a nuestros autos. Removemos cielo y tierra en busca de este precioso líquido. Y hacemos todo lo posible por extraerlo de la Tierra.

British **Petroleum** (BP) es una gran empresa que perfora en el fondo del mar en busca de petróleo. En abril de 2010, la **plataforma petrolífera** Deepwater Horizon explotó. La explosión mató a 11 personas y perforó un oleoducto en las profundidades del agua.

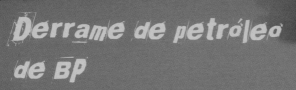

PLATAFORMAS PETROLÍFERAS

Las plataformas petrolíferas costa afuera son construcciones elevadas erigidas sobre el agua. En el centro, una perforadora de grandes dimensiones busca petróleo. Una manguera lo trae a la superficie. En la mayoría de las plataformas petrolíferas trabajan cien obreros por turno de trabajo. Sobre el agua y lejos de la tierra, es difícil rescatar a las personas cuando hay problemas en una plataforma petrolífera.

DERRAME DE PETRÓLEO DE EXXON VALDEZ

En 1989, una enorme barcaza que transportaba más de 50 millones de galones de petróleo de Alaska chocó contra un arrecife. El petróleo se derramó al agua frente a la costa de Alaska. El derrame ocurrió en una zona remota, por eso la limpieza y el rescate demoraron. Los efectos sobre la vida silvestre fueron **trágicos**.

Cuando explotó el oleoducto submarino, el petróleo se derramó en el golfo de México. Nadie pudo bucear hasta una profundidad suficiente como para repararlo. BP trató de usar máquinas para detener el flujo de petróleo, pero no dio resultado.

Desde abril hasta julio, el petróleo continuó derramándose. Resultaron dañados los pájaros, peces y animales marinos. Quedaron cubiertos de petróleo, y no pudieron respirar o limpiarse. El petróleo derramado inutilizó 320 millas de costa. Este terrible desastre dejó 4,200 millas cuadradas **contaminadas**. Y las 80 millas que rodeaban a Deepwater Horizon fueron declaradas **zona muerta**. En la actualidad hay personas que suman esfuerzos para restaurar la vida de la zona. Otras buscan distintas maneras de prevenir futuros derrames.

vista submarina de la fuga de petróleo en la plataforma petrolífera

INTENTA, SIGUE INTENTANDO...

BP probó con muchas cosas para que el petróleo dejara de derramarse. Intentaron con máquinas para tapar el lugar por donde salía el petróleo. Se hundieron enormes pedazos de metal en el suelo para intentar tapar la fuga. Incluso arrojaron pelotas de golf en el agujero. Todos los días la gente podía ver en un video en vivo cómo BP trataba de detener la fuga. Finalmente, en julio, una tapa selladora de 40 toneladas frenó el derrame.

VENTA DIFÍCIL

La industria pesquera resultó muy perjudicada. Debido al petróleo en el agua, no había pescado para vender. Sin poder comprar pescado, los restaurantes del área no podían vender alimento. Toda la economía costera se vio devastada por el derrame.

UN AÑO DESPUÉS

Los efectos inmediatos del derrame de petróleo de BP fueron fáciles de ver: agua oscura, turbia, llena de petróleo, y animales como peces, pájaros, tortugas y focas cubiertos de petróleo espeso y negro. ¿Y un año después del desastre? ¿El océano se curó de este desastre horrendo? ¿El golfo de México recuperó el tono azul brillante que tuvo alguna vez? ¿Y qué sucedió con los 4.4 millones de barriles de petróleo que se derramaron en el océano?

Un investigador estudia muestras de agua para detectar gas natural y petróleo.

Bacterias marinas degradantes de petróleo ayudan a descomponer el petróleo del derrame.

DESAPARECIDO EN ACCIÓN

Un año después del derrame de petróleo de BP seguían faltando millones de barriles de petróleo en el océano. ¡Es suficiente petróleo para impulsar al mundo durante ocho minutos! Entonces, ¿dónde está? Las bacterias digirieron la mayor parte del petróleo. Habían pasado solo seis meses cuando los científicos estudiaron el área del derrame y afirmaron que el agua estaba regresando a la normalidad. Esta vez el océano realizó una recuperación natural.

Gran mancha de basura del Pacífico

La Gran mancha de basura del Pacífico es una masa de basura giratoria. Se encuentra en el extremo norte del océano Pacífico. ¿Cómo llegó hasta allí? El agua de lluvia empujó la basura por los ríos hasta llegar al océano. Por algún motivo terminó siempre en el mismo lugar. Gran parte de esa masa está formada por trozos pequeños de plástico. Como el plástico no es **biodegradable**, así se queda. La mayor parte de la basura es demasiado pequeña para que pueda verla el ojo humano. Sin embargo, tiene un gran impacto en el mar. El plástico despide sustancias químicas dañinas en el agua. Y estos desperdicios generados por el hombre ponen en peligro la vida silvestre. Por suerte, esta es una catástrofe que puede prevenirse fácilmente. Gracias a los esfuerzos de reciclaje, nuestras aguas están más limpias y son más seguras.

BIODEGRADACIÓN

Los desperdicios de alimentos y papel se descomponen naturalmente. Son desperdicios biodegradables. No enferman a las plantas o a los animales. Las cosas no biodegradables sí son perjudiciales. Cuando el plástico se degrada, se descompone en sustancias químicas que dañan el agua, el suelo, las plantas y a los animales.

BASURA EN EL MAR

La Gran mancha de basura del Pacífico está formada por desechos plásticos y otras basuras de todo el mundo que se juntan por las corrientes oceánicas, como muestran las siguientes flechas rojas.

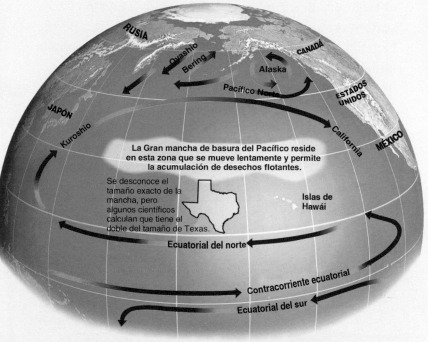

Fuente: *National Oceanic and Atmospheric Association*

PROBLEMAS DE CORRIENTES

Todas las corrientes de los grandes océanos se mueven siguiendo un patrón circular. La Gran mancha de basura del Pacífico no es la única de su clase. Las corrientes en el océano Atlántico también transportan basura hasta un lugar central. Sin embargo, la masa de basura en el océano Pacífico es mucho más grande.

EN EL SUELO

Todos los días la gente interactúa con la suciedad, el suelo y la tierra. Cosechan alimentos y energía para **sostenerse** a sí mismos y a sus comunidades. La tierra beneficia a las personas de muchas maneras. Les brinda alimento para comer y agua para beber, madera para quemar y construir, así como carbón y petróleo para ayudar a operar las máquinas. La Tierra es preciosa para nosotros; sin embargo, este preciado **producto** puede estropearse o contaminarse. Puede derrumbarse, destruyéndose a sí misma y a la gente cercana. Puede incluso volverse **estéril**, seca e incapaz de cultivar vegetales. Si destruimos la tierra en la que vivimos, ¿dónde vamos a vivir? ¿Dónde cultivaremos? ¿Y qué comeremos?

AGRICULTURA SOSTENIBLE

La agricultura requiere abundantes cantidades de agua y energía. La **agricultura sostenible** se alcanza cuando los establecimientos agrícolas cultivan productos que se pueden volver a cultivar con facilidad y naturalmente. Este tipo de agricultura no hace daño a la Tierra y deja menos espacio a los desastres.

Los grandes vehículos se usan para una amplia variedad de tareas y requieren grandes cantidades de combustible.

La madera se quema para generar calor y se utiliza como combustible.

COMBUSTIBLES FÓSILES

El combustible es necesario para hacer funcionar las cosas de todos los días, como los lavaplatos y los autos. Pero el combustible debe venir de algún sitio. El combustible que empleamos ha estado almacenado debajo de la tierra durante miles de años. Cuando la Tierra está dañada, nuestros recursos también están en riesgo.

Chernobyl

La radiación nuclear se usa en muchos lugares para dar energía a los hogares y a las fábricas. Las centrales nucleares se controlan para garantizar que no liberen radiación peligrosa. Si hay problemas, las centrales están diseñadas para cerrarse hasta que sea seguro volver a operarlas. Sin embargo, a veces, algo puede salir mal. Los hechos de Chernobyl, una central nuclear de Rusia, constituyen un ejemplo de desastre nuclear.

El 26 de abril de 1986 hubo una explosión en la central nuclear. Se liberaron grandes cantidades de radiación. Fue mucho más potente que la radiación liberada de una bomba atómica. Una nube venenosa de gas nuclear llenó el aire. Se trasladó por toda Rusia. Llegó hasta sitios tan lejanos como Finlandia. La vida vegetal alrededor de la central nuclear pereció. Posteriormente se encontraron **mutaciones** extrañas tanto en personas como animales. Sin embargo, aún se desconocen los efectos a largo plazo de la radiación.

niños jugando cerca de una central nuclear

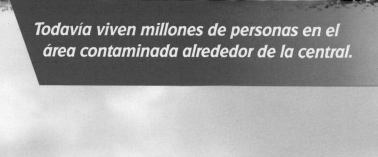

Todavía viven millones de personas en el área contaminada alrededor de la central.

¿POR QUÉ ENERGÍA NUCLEAR?

La energía nuclear puede ser peligrosa, pero muchas personas creen que es la energía del futuro. El carbón y el petróleo ejercen un efecto peligroso sobre el medio ambiente. La energía nuclear causa menos contaminación y puede mantener a nuestro planeta más limpio.

FUSIÓN TOTAL

Chernobyl no fue el último accidente nuclear que vio el mundo. Poco más de 20 años después, Japón soportó su propio desastre en una central nuclear. El 11 de marzo de 2011, un terremoto de magnitud 9.0 azotó la costa noreste de Japón. El sismo desató un tsunami con olas tan altas como un edificio de tres plantas. El sismo y el tsunami inutilizaron el sistema de enfriamiento de la central nuclear de Fukushima. Helicópteros y cuadrillas de obreros echaron agua de mar en los reactores para evitar que se sobrecalentaran. A pesar de estos esfuerzos, la central sufrió varias explosiones e incendios, que hicieron que hubiera un escape de radiación. Los residentes fueron evacuados para evitar la exposición a la peligrosa radiación.

CÓMO SE FORMA UN TSUNAMI

En un tsunami, largas olas oceánicas acumulan fuerza y altura y se vuelcan sobre la Tierra. Las poderosas olas son producidas por un sismo o una erupción volcánica debajo del mar. El tsunami del 11 de marzo activó advertencias en lugares tan lejanos como la costa oeste de Estados Unidos.

1

LA COLISIÓN
Las grandes placas de la corteza terrestre se mueven, liberando muchísima energía. Se desplazan enormes volúmenes de agua y causan un tsunami.

PLACA NORTEAMERICANA

PLACA DEL PACÍFICO

Las cámaras capturaron estas imágenes de la explosión de la central desde lejos.

2

EL TSUNAMI
En el mar, las olas empiezan siendo largas y bajas. El tsunami adquiere energía y altura a medida que se acerca rápidamente a la tierra.

PLACA NORTEAMERICANA

PLACA DEL PACÍFICO

Mina de carbón de Virginia Occidental

El carbón es otra fuente de energía que la gente utiliza. Pero la **extracción** de carbón es un trabajo sucio y arriesgado. Para encontrar carbón, los mineros hacen desencadenar explosiones peligrosas. Se mueven debajo de la tierra por túneles estrechos. Es algo raro, pero todos los mineros saben que los túneles pueden desplomarse con poco aviso.

En 1907, en la ciudad de Monongah, Virginia Occidental, el suelo comenzó a temblar violentamente. En las profundidades de la tierra, dos explosiones sacudieron la mina de carbón local. El aire se llenó de gases inflamables. La explosión encendió fuego al aire. Cuatro hombres cerca de la superficie escaparon. Más tarde otro hombre fue rescatado de los **escombros**. El resto de los 362 hombres y jóvenes que estaban bajo tierra murieron. Cerca de 1,000 familias se quedaron sin padres, hermanos e hijos.

RESCATE DE LOS RESCATISTAS

El rescate de mineros atrapados es peligroso. Los rescatistas arriesgan sus vidas y también pueden quedar atrapados.

48

entrada a una mina

LA SEGURIDAD ESTÁ PRIMERO

Los mineros saben que el trabajo que realizan es riesgoso. Priorizan la seguridad y tratan de minimizar los riesgos en la medida de lo posible. Las nuevas tecnologías y las leyes de seguridad están logrando que su trabajo sea más seguro que antes.

¡MÁS EN PROFUNDIDAD!

UN FINAL FELIZ

A veces, incluso una catástrofe puede tener un final feliz. En 2010, 33 mineros chilenos quedaron atrapados a más de 2,000 pies bajo tierra en un desastre minero que pudo haberse vuelto mortífero. En cambio, terminó siendo una historia que inspiró al mundo.

Los expertos calcularon que se tardaría de tres a cuatro meses en perforar un túnel en espiral lo suficientemente grande para llevar a los mineros a la superficie. Pensaban que apurar el proceso podía causar otro peligroso derrumbe. Los rescatistas decidieron no comunicar esto a los hombres.

Más de dos meses después, los 33 mineros fueron rescatados con vida.

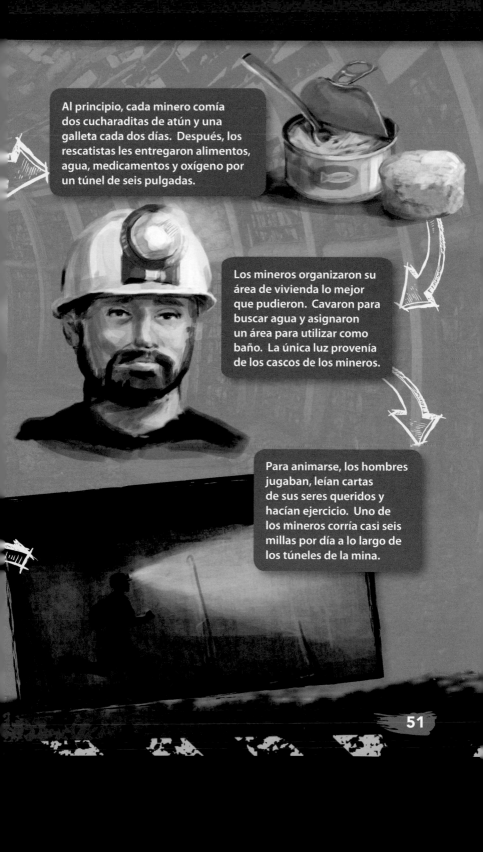

Al principio, cada minero comía dos cucharaditas de atún y una galleta cada dos días. Después, los rescatistas les entregaron alimentos, agua, medicamentos y oxígeno por un túnel de seis pulgadas.

Los mineros organizaron su área de vivienda lo mejor que pudieron. Cavaron para buscar agua y asignaron un área para utilizar como baño. La única luz provenía de los cascos de los mineros.

Para animarse, los hombres jugaban, leían cartas de sus seres queridos y hacían ejercicio. Uno de los mineros corría casi seis millas por día a lo largo de los túneles de la mina.

La Bola de polvo

Los explosivos y las sustancias químicas no son los únicos desastres provocados por el hombre que pueden ser mortíferos. A veces, las personas no cuidan la Tierra. Cuando eso sucede, la Tierra ya no puede cuidar a las personas. Para mantener sanas las tierras de cultivo, los agricultores deben **rotar** las cosechas. Deben dejar algunos campos **en barbecho**, o sin plantar. Eso permite que la tierra permanezca sana y se puedan cultivar vegetales. Durante años, los agricultores estadounidenses del Medio Oeste no mantenían sus tierras de cultivo. Entonces, cuando sobrevino una gran sequía a principios de la década de 1930, el suelo se secó. Nubes enormes y oscuras de polvo se movían por las llanuras del centro de Estados Unidos. Esta época de escasez se conoció como la Bola de polvo.

SEGURIDAD DE COSECHAS

Para que las cosechas sigan creciendo y las tierras de cultivo estén sanas, los agricultores deben usar ciertas técnicas. Sin embargo, debido a que había tanta demanda de productos agrícolas, los agricultores saltearon algunos pasos importantes. La Bola de polvo no habría sido tan grave si los agricultores hubieran podido cuidar mejor la tierra.

DOMINGO NEGRO

Una de las escenas más espeluznantes de la Bola de polvo fue el Domingo negro. Ese domingo, los vientos de 60 millas por hora juntaron miles de libras de polvo y formaron gigantescas nubes móviles. Estas nubes de polvo eran tan espesas que tapaban la luz del sol.

Durante la sequía, vientos poderosos barrían el suelo reseco. El viento arrastraba las capas superiores de polvo del suelo. Eso creaba paredes móviles de polvo. Cerca de un millón de acres de tierras en Oklahoma, Texas, Kansas, Colorado y Nuevo México siguen sin poder usarse en la actualidad.

Lamentablemente, la Bola de polvo sucedió durante la **Gran Depresión**. Cuando los agricultores se vieron obligados a abandonar sus granjas, había pocos trabajos para ellos. Casi 2.5 millones de agricultores se quedaron sin casa y sin medios de ganar dinero.

OKIS

Uno de los términos famosos que se acuñó durante la Bola de polvo fue Okie. Era el nombre que recibía una persona que había partido de Oklahoma en busca de nuevas oportunidades. Muchas de las personas que abandonaron las llanuras viajaron hacia el oeste, a lugares como California.

Las familias llevaban consigo todas sus pertenencias cuando se mudaban al oeste para tratar de escapar de la Bola de polvo.

RECUERDO

Las uvas de la ira es una novela escrita por John Steinbeck. Cuenta la historia de una familia de Oklahoma castigada por la Bola de polvo. Al igual que muchas personas de la época, la familia debía vivir y trabajar en condiciones pobres. Se mudan a California para intentar mejorar sus vidas. La novela se considera un clásico estadounidense porque retrata con mucha claridad y sinceridad la gente y la época.

Las familias que no tenían dinero para vivir en casas se vieron obligadas a vivir en tiendas y refugios sencillos de madera.

APRENDER DE NUESTROS ERRORES

Día tras día, los más grandes ingenieros y científicos del mundo trabajan para mejorar nuestras vidas. Eso quizá signifique crear mejores herramientas de cultivo, encontrar nuevas formas de desenterrar más petróleo o construir una máquina voladora más rápida. Las nuevas tecnologías pueden traer nuevos riesgos. Pero también hacen que nuestras vidas sean más seguras y saludables.

La gente lee periódicos viejos para saber sobre el *Hindenburg* y el *Challenger*. Hay museos para honrar a las personas que murieron en Virginia Occidental, Hiroshima y Nagasaki. Y también hay películas y novelas que narran la historia de la Bola de polvo y del *Titanic*. El deseo de la humanidad por comprender y aprender de sus errores puede verse en todas partes. Juntos recordamos para poder hacer mejor las cosas.

Un obrero en una fábrica realiza controles de seguridad en una central nuclear.

Un joven repartidor de periódicos comparte las noticias del trágico final del *Titanic*.

el museo de la bomba atómica de Nagasaki en Japón

GLOSARIO

accidentales: que suceden pero que no están planificados

agricultura sostenible: práctica agrícola que consiste en sembrar productos que se pueden volver a cultivar con facilidad y naturalmente

anunció: dio a conocer y divulgó

astronautas: personas que viajan al espacio

biodegradable: capaz de descomponerse naturalmente en pequeños pedazos que pueden volver a usarse

bombas atómicas: bombas que obtienen potencia de una clase específica de energía nuclear

catástrofes: desastres repentinos y generalizados

contaminadas: estropeadas, sucias o antihigiénicas

desastres marítimos: catástrofes, incluyen barcos y mar

devastación: ruina total

dirigibles: embarcaciones llenas de un gas más liviano que el aire (por ejemplo, hidrógeno) y que pueden flotar y maniobrarse en el cielo

en barbecho: un pedazo de tierra que se deja sin sembrar durante una temporada

escombros: pedazos de cosas que se han roto

estéril: incapaz de reproducirse

evacuación: retiro de las personas de un lugar de peligro

extracción: obtención de recursos de un pozo o una excavación en la superficie de la Tierra

glacial: extremadamente frío

Gran Depresión: crisis económica que comenzó con el derrumbamiento de la bolsa en 1929 y continuó durante la mayor parte de la década de 1930

inflamables: que se encienden fácilmente con fuego

ingenieros: personas que usan las matemáticas y las ciencias para construir cosas

intencionales: que suceden y que están planificados

mutaciones: cambios en la composición de algo que dan como resultado algo diferente

nucleares: pertenecientes a, o relacionados con el núcleo del átomo

petroleum: especie de petróleo proveniente del subsuelo, del que se obtiene la gasolina y otros productos

plataforma petrolífera: una estructura sobre un pozo de petróleo en la tierra o el mar que incluye un equipo especial para perforar y extraer petróleo del suelo

producto: algo que se usa, que es ventajoso o valioso, como por ejemplo las cosechas

radiación: proceso en el cual las olas o pedazos de energía se propagan

rotar: elegir una serie de cosechas diferentes que usen y beneficien al suelo de distintas maneras

saboteado: dañado o destruido deliberadamente

sostenerse: mantenerse o seguir funcionando

trágicos: extremadamente tristes

zona muerta: un área en una masa de agua con niveles bajos de oxígeno donde la vida no es posible

ÍNDICE

BIBLIOGRAFÍA

Bredeson, Carmen. *The Challenger Disaster: Tragic Space Flight (American Disasters).* **Enslow Pub Inc., 1999.**

Descubre los eventos que rodearon la trágica explosión del transbordador. También aprenderás sobre los siete miembros de la tripulación del *Challenger*, entre ellos Christa McAuliffe, quien habría sido la primera maestra en viajar al espacio.

Brewster, Hugh. *Inside the Titanic (A Giant Cutaway Book).* **Little, Brown and Company, 1997.**

Súmate a dos jóvenes pasajeros verdaderos que viajaron a bordo del *Titanic*, para experimentar cómo fue su viaje antes del hundimiento del barco, el rescate y cómo siguieron sus vidas después del hecho trágico. En páginas desplegables se revelan asombrosos planos transversales del barco.

Platt, Richard and Richard Bonson. *Disaster! Catastrophes That Shook the World.* **DK Children, 1997.**

Mira entre bastidores las escenas de las catástrofes más destructivas de la historia, entre ellas desastres naturales, accidentes y plagas. Material gráfico transversal a todo color y textos detallados dan vida a estos eventos.

Tarshis, Lauren. *I Survived the San Francisco Earthquake, 1906.* **Scholastic, 2012.**

Los libros de la serie *I Survived* no están basados en personas reales, pero todos los hechos históricos son verdaderos. En este emocionante libro podrás experimentar el espeluznante terremoto de San Francisco de 1906 a través de los ojos de Leo, un repartidor de periódicos de 10 años de edad.

MÁS PARA EXPLORAR

Airships: *The Hindenburg* and other Zeppelins
http://www.airships.net/

Explora la historia de los dirigibles como el *Hindenburg*. Aprende sobre tecnología de dirigibles y sobre las increíbles personas que hicieron posibles estas embarcaciones. Montones de fotografías y datos te ayudarán a imaginar cómo era estar a bordo de estos enormes gigantes flotantes.

National Geographic Kids: Green Scene
http://kidsblogs.nationalgeographic.com/greenscene/gulf-oil-spill.html

Lee acerca del derrame de petróleo ocurrido en 2010 en el golfo de México. Descubre más sobre sus secuelas y observa imágenes y videos sobre la consecuente destrucción de la vida vegetal y animal así como del medio ambiente.

RMS Titanic, Inc.
http://www.rmstitanic.net/

Descubre fotografías de los objetos hallados y videos de los restos submarinos del *Titanic*. Ve al Centro de aprendizaje para leer más sobre hechos, mitos y mucho más. Haz clic en *Exhibitions* para averiguar qué museos actualmente tienen una colección del *Titanic*.

Social Studies for Kids: Pearl Harbor Attack
http://www.socialstudiesforkids.com/subjects/pearlharbor.htm

Visita diferentes enlaces a algunos sitios web sobre el ataque japonés a Hawái durante la Segunda Guerra Mundial. Explora los mapas interactivos, escucha los relatos de testigos presenciales, sigue la línea de tiempo de los hechos y mucho más.

ACERCA DE LA AUTORA

Tamara Leigh Hollingsworth nació y se crió en Cupertino, California. Asistió a la Universidad de Hollins, una universidad exclusiva para mujeres en Roanoke, Virginia, donde obtuvo un título en Inglés. Mientras estaba en la universidad viajó por Europa. Desde entonces, ha sido una maestra de escuela preparatoria en Inglés que evita los desastres, tanto dentro como fuera del salón de clase. Actualmente reside en Atlanta, Georgia. Cuando no trabaja con sus queridos alumnos, a Tamara le encanta compartir tiempo con su esposo, su hija, sus libros y su iPod.